Atemlose Liebe

2

KANAN MINAMI

CHARAKTERE

YUKA MAKINO

ist im ersten Highschool-Jahr und möchte unbedingt einen Freund. Sie ist positiv und gibt immer ihr Bestes.

geht auf dieselbe Schule wie Yuka. Er ist ziemlich unfreundlich, aber eigentlich ein lieber Kerl.

KENTARO NANASE

WAS BISHER GESCHAH

Weil Yuka unbedingt einen Freund möchte, schließt sie sich Ririko und ihrer Clique an, den beliebtesten Mädchen ihres Jahrgangs. Auf einem Gruppendate verguckt Yuka sich dann auch Hals über Kopf in einen Jungen, dessen Namen sie nicht einmal kennt. Als sie nach den Sommerferien auf Drängen ihrer Freundinnen für den Schülerrat kandidiert, begegnet sie am Tag der Wahl dem Jungen wieder, dessen Name Kentaro ist und der ebenfalls kandidiert. Vor lauter Überraschung vergisst Yuka völlig den Inhalt ihrer Rede, doch Kentaro springt ein und beide werden zu Sekretären im Schülerrat ernannt. Nach der Wahl kündigen die Mädchen Yuka plötzlich die Freundschaft. Zunächst ist sie völlig überrumpelt, erkennt durch Kentaro nach einer Weile jedoch, dass auch sie eine Mitschuld trägt, woraufhin sie sich mit Ririko und ihrer Clique versöhnt. Sie beschließt, von nun an all ihre Energie in den Schülerrat zu stecken. Während der Vorbereitungen für das Schulfest kommen sie und Kentaro sich immer näher, und im Überschwang der Gefühle bittet sie ihn, seine Freundin werden zu dürfen …

Atemlose Liebe

KANAN MINAMI

2

INHALT

Kapitel 6. Dieses Kapitel zeigt die Fortsetzung von Yukas … Liebeserklärung (?) Kaguya als Oiran zu zeichnen hat mir Spaß gemacht, aber ich hätte ihr gern einen etwas niedlicheren Sex-Appeal gegeben … Das ist echt schwer …

Yuka und Kentaro kommen sich ganz plötzlich näher …!! Wenn ich Szenen wie die mit den beiden in der Bahn oder die Episode auf dem Bahnsteig zeichne, bekomme ich immer gute Laune! ♫ Für die Hintergründe mache ich manchmal Fotos auf Bahnhöfen. Wenn ich dann einfach nur herumlaufe, in Züge einsteige oder auch nicht und dabei Fotos mache, werde ich jedes Mal schief angeguckt. Und jetzt, wo es Social Media gibt, schreie ich beim Zücken meiner Kamera innerlich immer: »Nein! Ich fotografiere nicht dich, sondern den Hintergrund! Also mach dich vom Acker und steh mir nicht im Bild rum!!« (Falls mal jemand ein Foto oder Video von mir auf Social Media posten sollte, würden das bestimmt alle total missverstehen …)

Diese Kolumnen enthalten Spoiler, lest sie also besser erst hinterher!

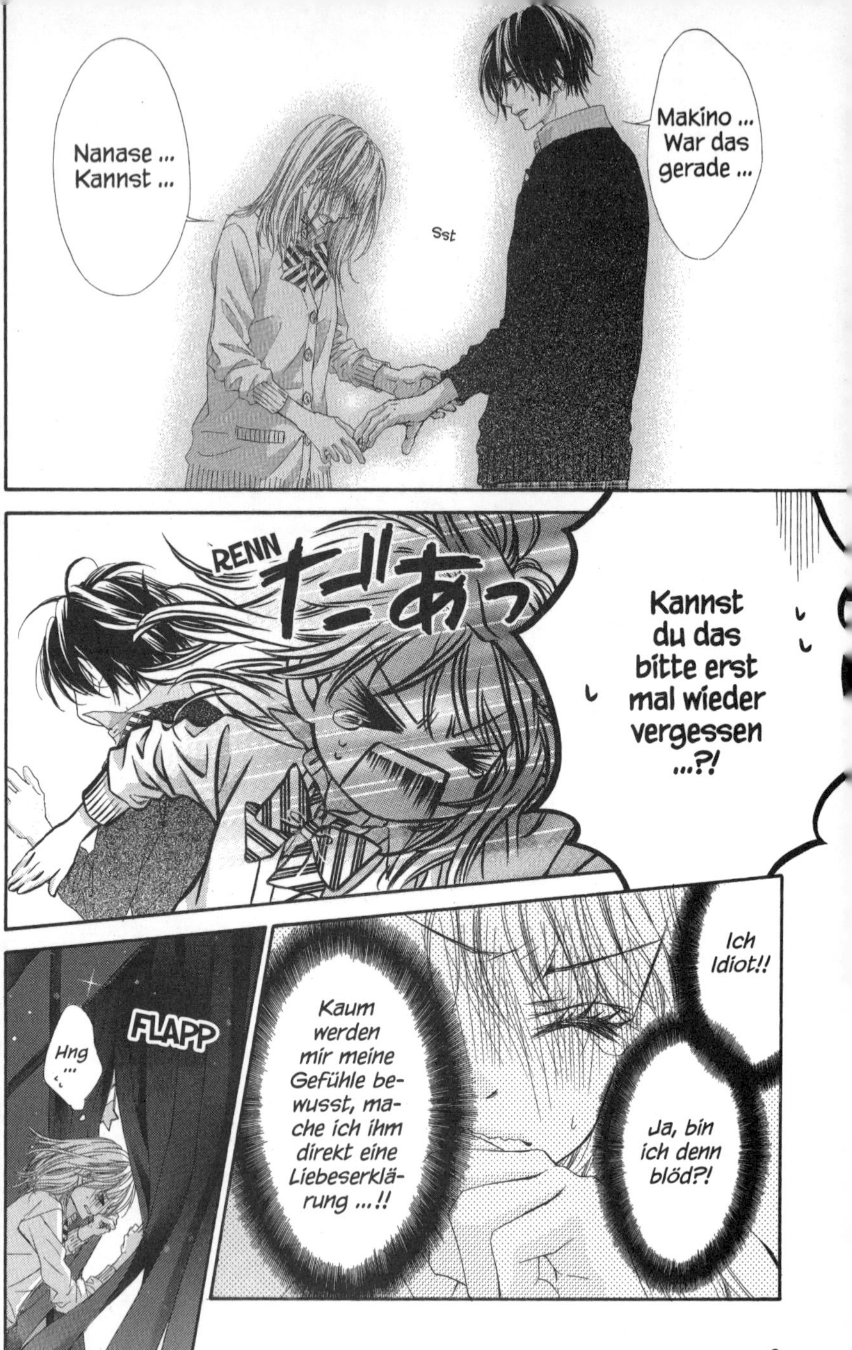

Kannst du das bitte erst mal wieder vergessen ...?!

RENN

だあっ

Ich Idiot!!

Ja, bin ich denn blöd?!

Kaum werden mir meine Gefühle bewusst, mache ich ihm direkt eine Liebeserklärung ...!!

FLAPP

Hng ...

Wirklich ...?
Soll ich ... das wirklich wieder vergessen?
POCH
POCH
Was ...?
Na...
POCH
Nanas...

BAMM
Zuck
Aaaaah! Ihr habt die Beleuchtung angemacht!!

Mann, ihr!! Hab ich nicht gesagt, das Licht bleibt aus?!
Jetzt habt ihr unsere schöne Einweihungszeremonie ruiniert ...!!
Immer mit der Ruhe ...
E... Entschuldige ...!
Ich war das. Sorry, war ein Ausrutscher.

Du ...! Willst du mich verarschen ...?!
Wie hat er ...
»Soll ich ... das wirklich wieder vergessen?«
... das wohl gemeint ...?

Ob er mir morgen ...
... eine Antwort gibt, wenn ich ihn danach frage?
Takimiya-Schulfest
Waaah!!
Zombie HAZARD
Kalligrafie-Performan
2-7 Cosplay-Café
3-6 WELCOM CASINO

*Edelkurtisane der Edo-Zeit (1603-1868)

... habe ich schon ganz lang. Er gefällt mir ein-fach nur.
Er steht dir!
Und ich hab auch nur diesen einen.
Sag mal, Maki-no ...
In letzter Zeit benutzt du gar nicht mehr dein grausiges aufgesetztes Grinsen.
Was? Ach ja?
»Grausig« ...?
Da-durch kommst du viel ange-nehmer rüber.
Total!

Kosmos-Aquarium
Alles klar!
Also, es stehen immer zwei am Einlass und dann geht es reihum im Wechsel!
Alle anderen verteilen Flyer und schaffen Besucher heran!
Unser Projekt ist das einzige, das im Anbau stattfindet. Das heißt, wir haben es schwerer, Besucher anzulocken, aber lasst uns trotzdem unser Bestes geben!!
Unsere beiden Sekretäre übernehmen die erste Schicht am Einlass!!
Makino ... Wegen gestern ...
K...
Kagaya sieht als Oiran wirklich toll aus, was?!
Bei ihrem Sex-Appeal glaubt man kaum, dass sie in meinem Alter ist!
...
Kosmos-Aquarium
Schülerrat
Herzlich willkommen!
Ich wollte mich ja erst auch so anziehen, aber neben ihr würde ich total untergehen, von daher ...
PRUST

H... Hast du gerade gelacht ...?!
Hust
Hust
Du als Oiran ...?!
Das ist doch wohl ein Scherz!
Wäre das denn so unvorstellbar ...?!
Dass du gleich loslachen musst ...
Nein.
So meinte ich das nicht.
Bei Kagaya ist das schon okay, weil in ihrem Fall mehr der Wow-Effekt im Vordergrund steht und nicht so sehr der Sex-Appeal.
Aber eigentlich ist mir das viel zu freizügig. Absolut nicht mein Fall.
Mädchen sollten lieber ganz einfache Yukata tragen, so wie du. Das mag ich viel lie...
Oh!
Ich meine ...
Meine persönlichen Vorlieben sind ja auch unwichtig.
Stimmt, er hat mir ja schon beim Sommerfest gesagt, dass mir dieser Yukata gut steht.
Ich ...

Darf ich das so interpretieren, dass ich nicht allzu sehr von seinen Vorlieben abweiche ...?
Was fotografierst du?
Ich will nur schnell ein paar Fotos machen, bevor die ersten Besucher kommen.
Knips
Gute Idee, ich auch ...!
KNIPS

Du fotografierst ziemlich viel, oder, Nanase ...?
Lädst du die Bilder hinterher irgendwo hoch oder so?
Knips
Nein ... Das hat einen anderen Grund ...
Ich ... bin irgendwie ziemlich vergesslich ...
Deshalb mache ich Fotos von allem, was ich nicht vergessen möchte.
So erinnere ich mich später leichter, auch wenn mir etwas entfallen sollte.

Vergisst du echt so viel ...?! Das klingt ja ... heftig ...
Oh ...!
Komm, ich mach auch ein Foto von dir!
So kannst du dich bestimmt noch besser an heute erinnern!
Nee, lass gut sein ...
Doch, doch!
Ach so ... Darum hast du also die Goldfische fotografiert, die du auf dem Sommerfest gefangen hast.
Du sahst zwar die ganze Zeit gelangweilt aus, aber in Wirklichkeit hast du dich doch amüsiert, oder?
Bitte lächeln!
...
KNIPS
Den Goldfischen geht's jedenfalls prächtig!
Ah!
Lass mich mal kurz das Bild anschauen, das du gemacht hast ...
Hey ...! Finger weg von meinen Fotos!
WUSCH

Hah ...
Ent-schuldi-gung ...?
Hier ist doch das Aquarium, oder? Darf man einfach reinkom-men?
Ah ... ja, bitte sehr!
In Na-nases Galerie ...
... waren unzählige Landschafts-aufnahmen.
Nur auf einem Bild war eine Person zu sehen.

Und zwar ich ...
FLAPP
Nana-se ...!
Was macht das Foto von mir in ...
Zum Aquarium hier lang bitte!
LÄRM
LÄRM

Kosmos-Aquarium
Mayday, wir haben ein Problem! Dank mir im Yukata und Kagaya als Oiran ...
... haben wir doch glatt zu viele Besucher angelockt! ☆
Makino, regulier du die Schlange am Eingang!
Ich sorge dafür, dass es drinnen nicht zum Stau kommt!
O... Okay!
Jetzt konnte ich Nanase gar keine Fragen stellen ...
Wenn sich der Ansturm gelegt hat ...
... geb ich dir eine Antwort auf das, was du fragen wolltest.

Als Gegen-
leistung ...

... möchte ich aber auch wissen, was das gestern zu bedeuten hatte.

»Ich möchte deine Freundin werden, Nanase ...!«

POCH

I...

Ist gut ...!

POCH

Aquarium
Hier anstellen!

Schnell! Beeilung!

Kos
Aqua
Morgen legen wir vorher eine Route fest!!
Aber die Leute, die in Ruhe schauen wollen, brauchen auch Platz ...
Route
Puuh ...! Das war ja ein Wahnsinns-andrang!!
Und wir sind nur zu sechst im Schülerrat. Wir konnten nicht mal Pausen machen!
Gatang
Ich bin total fertig ...
Und es wurden mit der Zeit immer mehr Besucher.
Gatang
Jetzt sind wir gar nicht mehr dazu gekommen, uns gegenseitig Fragen zu stellen ...
Na ja ... Ich wusste ja, dass wir mit derselben Bahn zurückfahren.

A... Aber hier vor all den Leuten wär das schon ziemlich peinlich, oder ...?
Wer sagt denn ...
... dass wir nicht vorher aus-steigen?
Pfschh

A...
Aber jetzt bist du doch eine Stati-on zu weit gefahren, Nanase!
Wolltest du das?!
Wo ist das Pro-blem? Ich muss doch nur wieder eine Station zurück ...
Ich wollte unbedingt heute noch mit dir da-rüber reden.
Oh Mann ...
Ich kann nicht anders.

Ich liebe dich.
Ich liebe dich, Nanase ...
Jetzt ganz ruhig bleiben ...
Drück
Ähm ...
Du fragst dich bestimmt, was das für ein Foto war ...
Zuck
Ah ...!
Ja, genau!

Du ... hattest doch damals zu mir gesagt, dass du mich nie wiedersehen wolltest.
Na ja, ich ...
Warum wolltest du dich denn dann an mich erinnern ...?
... wollte dir ja auch wirklich nie wieder begegnen!
...?
Aber ... man kann dich eben einfach nicht aus den Augen lassen ...

Wie jetzt? Was?! Er kann mich nicht aus den Augen lassen …?
Dann hat er also auch Gefühle für mi…
Aber ich will so was nicht mehr!
Jungs und Mädels, die was voneinander wollen oder auch nicht …
Aus so einem bescheuerten Grund …
… will ich nie wieder etwas verlieren, das mir wichtig ist …
»Beziehungen zwischen Teenagern gehen doch sowieso sofort wieder in die Brüche.«
Deshalb hab ich das Foto von dir gemacht.
Damit ich dir, falls ich dich vergesse, nicht aus Versehen ein zweites Mal zu nahe komme …
Nanase hatte offenbar schon mal eine Freundin.
Die Trennung muss wohl ziemlich schlimm gewesen sein …

Ach so war das ... Dann müssen meine Worte dich gestern ...
... ja ziemlich g... geschockt haben, was ...?!

Aber ... jetzt, wo du mir gesagt hast ...
... du könntest mich nicht aus den Augen lassen ...
... weiß ich, glaub ich, nicht ...
... wie ich mich ...
... von jetzt an verhalten soll ...!

Ich bin so blöd!
Warum hab ich das gestern nur gesagt?!
Hätte ich einfach meinen Mund gehalten, hätten wir uns vielleicht immer besser angefreundet ...
Ich weiß es offen gesagt auch nicht ...

Eigentlich müssten mir deine Gefühle lästig sein.
Aber irgendwie ... bin ich froh darüber ...
Deshalb bin ich gerade selbst extrem verwirrt.
Äh ...
Hä ...?!
Was soll denn das jetzt schon wieder bedeuten ...?!
Tja ... Was das bedeuten soll ...? Keine Ahnung ...
Was hältst du fürs Erste von ...

Wollen wir ab morgen den Pärchenweg nach Hause nehmen ...?

Yaay!!
Takimiya-Schulfest
Tag zwei des Takimiya-Schulfests!
Nach dem wahnsinnigen Andrang gestern haben wir ein paar Vorkehrungen getroffen, sodass sich die Besucher heute auf einen reibungslosen Aquariumsbesuch freuen können!!
Sag mal ... Hast du was am Mund, Makinon?
Träum
Ach so?
Na, dann übernehmt ihr beide heute wieder die erste Schicht, okay?
Äh! N...N... Nein! Nichts!
Fuchtel
Ja!
Wenn du so ein Theater machst, werde ich auch noch rot ...
D...
Du hast gut reden ...
Knick
Wah ...!

Also echt ...!
Jetzt stolperst du schon über deine eigenen Beine.
Man kann dich echt nicht aus den Augen lassen.
Dauernd streiche ich mir über die Lippen ...
... wie um mich zu vergewissern, dass das gestern kein Traum war.
Grins
Aber es ist wirklich kein Traum.
Ab heute kann ich mit Nanase endlich ...
... den Pärchenweg nehmen, von dem ich schon so lange geträumt habe ...!
7:30 – 8:30 Durchfahrt verboten

Zum Aquarium des Schülerrats bitte hier entlang!
Bitte sehr!!
Darf ein einzelner Mensch wirklich so viel Glück empfinden?
Ich fühle mich, als würde ich auf Wolken gehen, und stolpere dauernd über meine eigenen Füße.
Heute ist auch wieder so viel los ...
Der reinste Festmarsch ...
Jede Minute, jede Sekunde, die vergeht, fühlt sich so warm an ...
Ist dir nicht kalt in deinem Yukata?
Am liebsten würde ich jeden einzelnen Augenblick umarmen, weil er mir so viel bedeutet!

PROST
カンパーイ!!
Damit hat der 31. Schülerrat seine erste Heldentat vollbracht!
Bei der abschließenden Abstimmung wurde unser Projekt auf Platz 1 gewählt!!
Die Stempel-Rallye der vorherigen Schülerräte ist immer auf einem der letzten Plätze gelandet.
Stimmt ...
Hier! Trinkt!
Immerhin war das Ganze eure Idee! Danke!!
Ich hätte nie gedacht, dass etwas, das wir auf die Beine stellen, so viele Leute bewegt ...
Da hat sich die ganze Mühe wirklich gelohnt!
Oder?
Ja.
Dann fehlt jetzt nur noch ein Erinnerungsfoto mit allen!
Nanase, her mit deinem Handy!
Hä? Warum denn meins ...?

Und danach schickst du das Foto an uns alle, klar?!
Dann hat endlich jeder von uns deine Kontaktdaten!
Haah ...
Jawohl.
Zu Befehl.
TAPP
Sind alle so weit?
KNIPS
Hey ...! Sag wenigstens vorher »Cheese«!!
Das war viel zu plötzlich!
Nope.
KNIPS
Nanase, du verdammter ...
Schon gut, schon gut!
Sagt bitte alle mal »Chee ...
Kentaro ...!

Tut mir leid, dass ich so plötzlich hier auftauche ...
Endlich hab ich dich gefunden ...!
»Kentaro« ...?
Eine Bekannte von Nanase?
Suzu... ha ...!
Nanase ?!

Kapitel 7. ↱Zu sehen auf Seite 126↲
Auf dem Titelcover dieses Kapitels hält Kentaro sich eine Hand vors Auge. Diese Pose habe ich für das Cover von Band 2 wieder aufgegriffen. Und auf dem Cover von Band 1 bedeckt Yuka seinen Kopf ebenfalls mit ihren Händen ... Das ist eine Art wiederkehrendes Motiv, das ich mir überlegt habe, um auf Kentaros Gedächtnisverlust anzuspielen. Es soll so aussehen, als würde er nach dem Gehirn in seinem Kopf greifen.
Die Episoden, die von Kentaros verlorenem Gedächtnis handeln, stehen im Mittelpunkt von *Atemlose Liebe*. Ich habe in meiner Karriere als Shojo-Mangaka ja schon öfter Lovestorys mit Schulsetting gezeichnet, sodass das Thema für mich eigentlich weitgehend erschöpft war. Aber eine Geschichte über Gedächtnisverlust lag mir schon lange am Herzen. Wenn ich ehrlich bin, beruht die Handlung auf der persönlichen Erfahrung von jemandem, den ich kenne. Zunächst hatte ich Zweifel, ob ich das wirklich ordentlich umsetzen kann, doch nun habe ich mich der Herausforderung gestellt.

Wer um alles in der Welt ...
... ist dieses Mädchen?
Suzu... ka ... was machst ...
Tut mir leid, dass ich so plötzlich hier aufkreuze ...
Aber wenn ich es nicht getan hätte ...
... hättest du mich bis in alle Ewigkeit ignoriert, Kentaro ...
Wisch
Vor wie vielen Monaten haben wir uns zuletzt gesehen?
Ach Mann ...!

Dein Pony hängt dir ja schon ins Gesicht ...
Das heißt, du hast immer noch nicht wieder mit Baseball angefangen, oder?
RUMPEL
...!
Fass mich n...
Ey, Suzuha !!
Hab ich dir vorhin nicht die ganze Zeit gepredigt, dass du nicht einfach auf eigene Faust vorrennen sollst?!

Sorry, Ken ...
Eigentlich wollte ich vorher erst allein mit dir reden.
Yu ...
Ist der groß!
Wer ist das?
Kenn ich nicht ...
Aber bei dem Gedanken, dass Kentaro hier ist ...
... konnte ich mich einfach nicht beherrschen ...
Es ist immer das Gleiche mit dir!
...
Was soll dieses Theater ...?!
Seid ihr extra hergekommen ...
... damit ihr mich hier zum Idioten machen könnt ...?!

Aber das ...
Ken ...! Du weißt doch, dass wir so was niemals tun würden ...!!
Bitte, hör uns doch wenigstens ein einziges Mal ...
PACK
Fass mich nicht an ...!
RUPF
Kyah ...!
KLATSCH
SCHEPPER
SCHEPPER
ZUCK
KRACH

Kentaro ...!

Wart ...

Ihr bleibt jetzt besser mal hier!

BAMM

Ihr seid nicht auf unserer Schule, oder?

Das Takimiya-Schulfest ist bereits vorbei, das heißt, Besucher haben hier nichts mehr verloren. Also würdet ihr jetzt bitte wieder gehen?

... sah Nanase ganz und gar nicht so aus, als wollte er mit euch reden.
Und als Präsident des Schülerrats ist es nun mal meine Pflicht, die Schüler der Takimiya-Highschool zu beschützen.
Na ja! Dafür wird euch der gesamte Schülerrat jetzt bis vors Tor geleiten!
Abmarsch!
PLITSCH
Wisch
Wisch
Ach ja, Makinon!
Du gehst Nanase hinterher, okay?
Was ...?! Sollten wir ihn jetzt nicht lieber in Ruhe lassen ...?

Du bist doch mit ihm befreundet.
Also lauf ihm nach und kümmere dich um ihn.
Äh ...
Ist gut ...!
Blick
Dieses Mädchen ...
... ist bestimmt Nanases Exfreundin.

Hat er sie so sehr geliebt ...

... dass er sich jetzt nie mehr verlieben möchte ...?

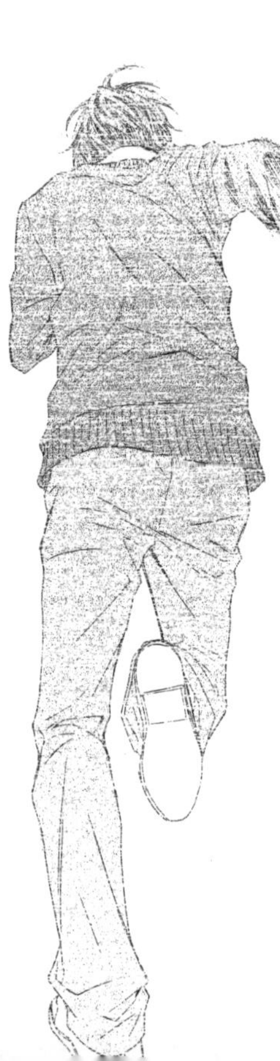

Womöglich ist er noch immer in dieses andere Mädchen verliebt.

Und dann ...?

Takimiya-Schulfest

Ob Nanase heute frei-gemacht hat ...?
Er lässt sich nicht blicken ...
Kujirai ist auch noch nicht da.
Sag bloß, der schwänzt ...
Das Wiedersehen mit seiner Ex gestern hat ihn wohl so ge-schockt, dass er heute nicht zur Schule gekommen ist ...
Hopp, hopp! Beeilt euch mal mit dem Aufräumen! Hier wird nicht ge-schwänzt!
Ähm ... Ich glaub, du verwech-selst da was ...
Yo! Sekretär Nanase meldet sich zum Dienst!
Und weil er zu spät ist, dürft ihr ihn jetzt richtig aus-beuten.

Nanase ...!
War gestern alles in Ordnung mit dir?
Du hast sogar deine Tasche hier liegen lassen ...
Äh ... Makinon, warte mal kurz ...
Außerdem ist dein Handy doch gestern ins Wasser gefallen ...
Ich hab's zwar sofort abgewischt, aber schau lieber nach, ob es noch funk...
...
Sorry, aber ...
Wer bist du noch mal?

Wann hast du mich kennengelernt?
Welcher Monat, welcher Tag?
Ich brauch ein paar mehr Details, wenn's geht.

Das kann nicht sein ...

Poch

Das ...

*Anrede für ältere Schüler, Studien- und Arbeitskollegen

Jetzt beruhigt euch mal. Nanase ...
Du checkst jetzt erst mal, ob dein Handy noch geht.
Ah, okay ...
Poch
Poch
Hmm, scheint kaputt zu sein.
Es geht nicht an ...
Ich bring's schnell in den Handyshop zur Reparatur.
Spinnst du?!
Erst nach Schulschluss!!
Los! Schaff den Müll raus!!
PACK PACK
Ah ...! Ich helf ihm mit dem Müll!
Wank
Wank

Hey, Kujirai ... Weißt du, was mit Nanase los ist?
TAPP
TAPP
TAPP
Na ja ... Damals nach unserem ersten Meeting hat Herr Fukamachi mir als Präsidenten im Vertrauen erzählt ...
... dass Nanase manchmal ...
... wenn er ein bisschen unter Druck gerät ...
... plötzlich die Erinnerung an Dinge verliert, die er getan hat.

Nanase, warte ...!
Ich bring den Müll für dich weg.
Also lass du schnell dein Handy reparieren.
Hier, deine Tasche!
Ähm ...
Du kannst das ganze Zeug doch gar nicht allein tragen ...
Das Handy hat Zeit bis nach der Schule ...
Nein, hat es nicht ...! Ich möchte, dass du ...
... dir schnell die Fotos auf deinem Handy ansiehst, damit du dich wieder an den Schülerrat ... und so weiter erinnerst!
Woher weißt du von den Fotos ...?
Fukamachi, der alte Sack! Tratscht als Lehrer private Infos seiner Schüler weiter ...
Das stimmt nicht! Du hast mir selbst davon erzählt!

Ich ...?
Dir ...?
Mh!
Einer Tussi wie dir würde ich garantiert nichts über mich erzählen.
Da schaudert's mich ja!

...! Aber es stimmt ...!

Auch egal. Ich bring jetzt den Müll weg und gehe von da direkt zum Handyshop.

Kneif

Alles wird gut ...

Alles wird gut ...

Er erinnert sich bestimmt gleich wieder.

Immerhin scheint das ja häufiger vorzukommen.

Hat er mich genau-so komplett aus seinem Gedächtnis gestrichen wie damals, als wir uns gerade ken-nengelernt hatten?
?
Dabei haben wir uns doch sogar schon geküsst ...
Bitte ...
Löse dich ...
... nicht vor meinen Au-gen auf wie Schaum und verschwinde einfach.

DING
DANG
DONG
DONG
Schülerrat
Was ...?!
Sie konnten kein Back-up machen und jetzt sind alle deine Fotos futsch ...?!
Nick
Ja.
Aber ich werde noch mal alles neu lernen.
Tut mir leid für die Umstände, aber bitte helft mir dabei.
Tja, ihr habt's gehört.
Makinon, erklär ihm gleich mal seine Aufgaben als Sekretär.
Schock
Schock
Ja... wohl ...

Also ... Ich bin Yuka Makino aus der 1-7 ...
... und mache mit dir zusammen das Sekretariat.
Makino ...
Okay ... Freut mich.
Stich
Er macht ein Gesicht, als würde er das zum ersten Mal hören ...
Ich hab sonst immer am Whiteboard Notizen gemacht ...
... und du hast das Protokoll geschrieben.
Blätter
Ja ... Tatsächlich, das ist meine Schrift ...!
Oh Mann ... Wieso bin ich im Schülerrat ...?
Als ob ich mit meinem Job nicht schon genug um die Ohren hätte.
Seufz
Ah!
Du bist ja schon wieder genauso mürrisch wie am Anfang!
Aber keine Sorge! Du gewöhnst dich hier ganz schnell ein.
Schließlich bist du immer noch Nanase!!
Patt
Patt

In letzter Zeit schienst du sogar richtig Spaß zu haben.
Im Ernst ...?
Nanase ist immer noch derselbe ...
Er hat bloß ein paar Erinnerungen verloren.
Wir könnten einfach noch mal von vorn anfangen.
Nein, unmöglich!
Ich kann das nicht einfach akzeptieren!
Ich will nicht so tun ...
... als hätte es diesen Moment zwischen uns nie gegeben.
Äh, entschuldigt, aber ...
... kann ich jetzt gehen? Ich komm sonst zu spät zu meinem Job.

Ach ... an deinen Job kannst du dich noch erinnern, ja ...?
Ruck
Dafür hab ich ja auch einen Schichtplan ... An meine Aufgaben erinnere ich mich dafür weniger.
Ob das gut geht?
KLAPP
Weiter mit dem nächsten Thema ...
Ähm ... Kujirai!
Kann ich dich was fragen?!
Nanase ...!
Oh ... Äh ...
Makino!
Ich wohne an derselben Bahnlinie wie du, eine Station nach deiner ...

Also ...
Ähm ...
... wollen wir nicht gemeinsam diesen Weg zum Bahnhof nehmen ...?!
Wenn wir zusammen den Pärchenweg entlanglaufen ...
... und dieselbe Bahn nach Hause nehmen ...
... dann erinnert er sich vielleicht ein bisschen an mich.
Ich möchte doch nur, dass er sich erinnert ...!
Hör mal ...

Weil ich mein Gedächtnis verloren hab ...
... muss ich jetzt einen Haufen Dinge, einschließlich meinem Job, noch mal ganz von vorn lernen.
Meinst du, da hab ich Zeit, mit Weibern wie dir nach Hause zu gehen, bei denen ich nicht mal weiß, worüber ich mit ihnen reden soll?
SCHOCK
Und ...
... selbst wenn ich Zeit hätte, würde ich garantiert trotzdem nicht mit dir nach Hause gehen.
Wenn möglich ...
... würde ich dir am liebsten nie wieder begegnen.

Ach ... so ...
KRALL
Ver... stehe ...
Gut, dann frag ich nie wieder, ob wir gemeinsam heimgehen wollen ...
Stattdessen ...
... werde ich auf den Tag warten, an dem du zu mir sagst, dass du mit mir zusammen nach Hause gehen möchtest.

Nanase ...
... hat mir neulich doch selbst erzählt ...
Spielende Kinder!
30
... dass er mich nur deshalb nicht wiedersehen wollte ...
... weil ich ihm nicht gleichgültig bin.
Er hat mich nicht komplett vergessen.
Ich habe mich entschieden.
Lehrerzimmer
Egal, was ich dafür tun muss ...

Ich werde auf jeden Fall dafür sorgen, dass er sich wieder an mich erinnert!
Yu! Wann gehen wir denn nun wieder zur Takimiya High? Sag doch mal!
Ich hab dir doch schon gesagt, ich rede erst mal allein mit ihm, also warte gefälligst ...
Immer dieselbe Leier!!
Ähm ...
Da drüben lag noch ein Ball rum ...

Was?! Uwah! Danke!
Den haben wir glatt übersehen. Wenn der Coach so was mitkriegt, gibt's immer richtig Ärger!
Nanu ?!
Das ist doch die Uniform der Takimiya-Highschool, oder ...?
Tut mir leid, dass ich einfach so den Schulhof betreten hab.
Ich bin zusammen mit Nanase im Schülerrat. Wir sind dort beide Sekretäre ...
Mit Kentaro?!
Dann warst du beim Schulfest auch dabei ...?!
Ja.
Ich wollte euch etwas fragen, darum bin ich hergekommen.
Mein Name ist Yuka Makino.
Ich bin Nanases ... aktuelle Freundin!

Kapitel 8. Hach ... Baseball spielende Jungs sind so etwas wie die Achillesferse der Shojo-Manga-Welt, und ich hab mich bisher auch immer vor ihnen gedrückt ... Es ist nämlich enorm schwierig, Baseballer cool zu zeichnen!
Wenn man die Spieler bei einem Turnier oder so nur ganz grob darstellt, geht es noch, aber Uniformen in Kombination mit kurzen Haaren sind ... haah, schwierig. (*gequält lächel*) Und später kommen auch noch Szenen hinzu, in denen Bälle geworfen werden ...
Na ja, Sportszenen sind immer eine Herausforderung ... Kentaro ist ganz kurz mit kurzen Haaren zu sehen. Die lassen ihn so adrett und gepflegt aussehen. Ich finde, sie wirken zwar auch irgendwie modern, aber ich mag es nach wie vor lieber, wenn Jungs der Pony ins Gesicht fällt ...!! Ich bevorzuge bei Manga-Charakteren eindeutig lange Haare. Aber ich achte zumindest darauf, dass die Haare im Nacken nicht zu lang werden. (*lach*) Bei Frisuren gibt es ja auch immer Trends, das ist schon wirklich schwierig ...

Das Fototagebuch war Ihre Idee, Herr Fukamachi?

Ja, ich meinte, dass es ihm helfen würde, sich wieder schneller zu erinnern, wenn er die Ereignisse des Tages ...

... mit Fotos oder in einem Tagebuch dokumentieren würde.

In Nanases Fall wirkt sich der Gedächtnisverlust zwar offenbar nicht auf seine schulischen Fähigkeiten aus ...

... aber die Gesichter von Personen sind in seinem Kopf wie ausgelöscht.

Der Auslöser muss wohl irgendwas Zwischenmenschliches gewesen sein ...

Das sind Fotos ...
... von der Orientierungswoche nach der Einschulung.
Was ...?!
D...D...D... Das soll Nanase sein ...?!
Ich kann nicht glauben, dass er so fröhlich schauen kann ...!!
In der Mittelschule war er Pitcher im Baseballklub einer der stärksten Schulen des Landes.
Aber dann musste er aus familiären Gründen damit aufhören ...
Eigentlich wäre er danach automatisch auf die an seine Schule angeschlossene Privat-Highschool versetzt worden, aber das ging nicht mehr.
Deshalb musste er plötzlich die Aufnahmeprüfung für eine öffentliche Highschool wie unsere machen. Er muss ganz schön was durchgemacht haben.
Hat das ... mit dem Tod seines Vaters zu t...

Ah, ja.
Hat er dir etwa davon erzählt?
Nur ein wenig ...
Kommst du auch mit, Nanase?
Sorry, muss zur Arbeit!
Er meinte, dass er seine Schulgebühren und seinen Unterhalt nicht allein seiner Mutter aufbürden könne ...
... deshalb jobbt er jeden Tag nach der Schule.
Gyah ha ha!
Bist du so blöd?!
Trotzdem wirkte er immer optimistisch, weshalb ich dachte, mir keine Sorgen um ihn machen zu müssen ...
Ende Mai kam er dann plötzlich ein paar Tage nicht zur Schule ...
... und nach seiner Rückkehr war er wie ausgewechselt, ganz verschlossen ...
Er konnte sich kaum an seine Klassenkameraden oder an mich, seinen Klassenlehrer, erinnern.

Seither spricht er kaum noch mit jemandem ...
Es ist ja auch ein Schock, wenn man plötzlich nicht mehr erkannt wird, oder? Da wird man schon wütend.
Das wollte er seinem Umfeld nicht zumuten.
Deshalb hat er sich immer mehr von allen zurückgezogen ...
Dabei ist er so ein lieber Kerl. Ich konnte das nicht mit ansehen ...
Ich hatte gehofft, dass er durch die Fotos wieder leichter Freundschaften eingehen könnte.
Gut ...
Nanase ist also mittlerweile so weit, dass er anderen wieder ein wenig von sich erzählt ...
Offenbar war es die richtige Entscheidung, ihn zur Kandidatur für den Schülerrat zu drängen.
Bitte kümmert euch auch weiterhin so gut um ihn!
N...
Natürlich!

Du bist Kentaros ... aktuelle Freundin ...?!

Ja ...!

Genau !!

Zum ersten Mal in meinem Leben habe ich so dreist **gelogen**!!

SCHWITZ

SCHWITZ

SCHWITZ

Jedenfalls ... Was ich euch fragen wollte ...

Schluck

FLENN HEUL

?!

HEUL FLENN

Etwas ... Furchtbares ...?

Aber was denn nur ...?

Hey ... wir können doch nicht einfach Dinge ausplaudern ...

... von denen Ken ihr nichts erzählt hat ... Oder ...?

Stimmt ... Jetzt, wo du's sagst ...

Seit er mit euch beiden geredet hat, ist Nanase völlig labil ...

Ich weiß wirklich nicht mehr, was ich tun soll ...!

VERBEUG

Bitte sagt mir, was vorgefallen ist! Ich bitte euch!!

Hey ...

Soll denn unseretwegen auch seine zweite Liebe zerbrechen ...?!

Wenigstens seiner Freundin sollten wir's doch sagen, oder ...?!

Schmerz

Uh ... Sorry ...

SCHMERZ

K... Kann sein ...

Mein Name ist Yu Uozumi. Ich bin Catcher, Ken war Pitcher, und wir haben die ganze Mittelstufe hindurch als feste Kombi gespielt.
Ken und ich waren ... beste Freunde.
Ich bin Suzuha Kashiwagi und seit der Mittelschule Managerin im Baseballklub.
Kentaro und ich waren von der zweiten Klasse der Mittelstufe bis zu Beginn der Highschool ein Paar ...
Die beiden sind also Nanases »bester Freund« und seine »Freundin« ...
... gewesen.

KLONK
chul-S tball-Turnier
Aaah, verdammter Mist! Unsere letzten Mittelschulmeisterschaften, und wir sind im Halbfinale rausgeflogen!

Los, Ken! Wir gehen sofort zurück zur Schule und trainieren direkt weiter!!
Gaaah!
Normalerweise wäre für die aus dem dritten Jahr jetzt Schluss mit den Klubs.
Aber für uns gilt das ja nicht, weil bei uns Mittelschule und Highschool ineinander übergehen.
Ab der Highschool wechseln wir von Softball zu Baseball, das heißt, wir fangen wieder bei null an.
Dann sollten wir schon vor allen anderen mit dem Training beginnen!!
Ähm, hört mal ...
Ich fürchte ...
... für mich ist hiermit Schluss.
Waas?!
Nach dem Tod meines Vaters hat meine Mutter nicht mehr genug Knete, mich weiter auf eine Privatschule gehen zu lassen.
Heißt, ich muss ab heute für die Aufnahmeprüfung an einer öffentlichen Highschool büffeln!
Musashiura

Spinnst du ...?! Wie konntest du uns so was Wichtiges verschweig...
Warte, Yu! Du verstehst das falsch ...!
PACK
Für Kentaro war es bestimmt am schlimmsten zu akzeptieren, dass er aufhören muss ...
... so vernarrt, wie er in Baseball ist.
Deshalb hat er es nicht übers Herz gebracht, jemandem davon zu erzählen ...
Ach Mann ...!
Das nervt mich so an dir, Suzuha!
Warum weißt du immer sofort, was in mir vorgeht ...?!

Zigaretten
Post
24
Alles okay? Du wurdest gerade voll angemeckert, oder?

Suzuha ...
Hallo!
Ich hab dir doch schon so oft gesagt, dass du nicht zu meiner Arbeit kommen ...
Aber seit wir auf verschiedene Schulen gehen, sehen wir uns doch kaum noch!
Heute hatten wir früher Trainingsschluss, also bin ich hergekommen.
Der Baseballklub ... Wie schlägt sich Yu denn ...?
Er hängt sich richtig rein! Selbst abends trainiert er noch wie ein Verrückter allein weiter!
Weißt du, er hat nämlich
Es ist ja noch früh am Abend. Gehen wir irgendwohin, ja?
Äh ... Nein ...
Schon gut.
Also, er hat sich seit der Mittelschule kein Stück verändert!

Was?!
Yu und der Senpai, der jetzt sein Partner ist, sind so ein großartiges Team ...?
Und nun hat Yu Chancen, schon im ersten Jahr als Stammspieler eingesetzt zu werden?!
Was soll der Mist?! Seit ich nicht mehr spiele, meidest du auf so unnatürliche Weise das Thema Baseball ...
Ich find es voll anstrengend, dich zu sehen, weil du so übertrieben Rücksicht auf mich nimmst ...!
Selbst wenn du nichts sagst, hör ich's doch von den anderen!
Also könntest du vielleicht nicht so auffällig das Thema wechseln?
A... Aber ...

»Ich bin neulich zu weit gegangen.«
»Es tut mir leid.«
Kashiwagi
»Es ist zwar etwas zu früh, aber trotzdem alles Gute zum Geburtstag.«
Derart meinen Frust an ihr auszulassen ...
Ticke ich eigentlich noch richtig ...?

Also gut ...!
Was ...?! Wirklich ...?
Suzuha ...?

Yu ...?
TOCK
Kentaro ...!
Wart... Ken ...! Das ...
KLAMMER

Blick
Ken ...!

Hey!
Ken!
Warte!
Jetzt hör mir doch zu!
Nein ... Schon gut, alles klar ...
Suzuha hat sich meinetwegen bei dir ausgeheult ... und du hast sie getröstet, richtig ...?
Aber ...
... bist du dabei nicht etwas zu weit gegangen ...?

Jetzt hör mal! Ich war auch die ganze Zeit ...
... und zwar schon vor dir ...
... in Suzuha verliebt!
Warum hast du bisher ... nie was davon ...
Weil ihr sofort ein Paar wurdet ...
... und du mein bester Freund bist! Also hab ich sie aufgegeben.
Aber in letzter Zeit warst du echt gemein zu ihr, oder nicht?
Ich weiß ja, dass du im Moment viel durchmachst ...
... aber wenn du dich so aufführst, kann ich mich auch nicht länger zurücknehmen!

Ich kann einfach gar nichts mehr ...

Ich brauch das al-les auch echt nicht mehr.

Ich will euch nie wiedersehen.
Also könnt ihr machen, was ihr wollt.
Ken ...!
Seitdem ...
... weigert er sich, uns zu treffen ...
Äh ... Wann war denn das ungefähr?
Ich glaub ... Ende Mai, oder so ...
»Ende Mai kam er dann plötzlich ein paar Tage nicht zur Schule, und nach seiner Rückkehr war er wie ausgewechselt, ganz verschlossen ...«
Das ist der Zeitraum, von dem auch Herr Fukamachi gesprochen hat ...

Kurz nach dem Tod seines Vaters hat Nanase ...
... den Baseball, seinen besten Freund und seine Freundin ...
... auf einen Schlag verloren.

Und ihr beide seid jetzt ein glückliches Paar ...?
Nein ... Nicht doch! Wie könnten wir denn ...?!
Wir wollen erst vernünftig mit ihm reden. So lange treten wir auf der Stelle ...
Deshalb sind wir kurz entschlossen zu eurem Schulfest gekommen ...

Sag mal ... Könntest du ihn nicht überzeugen, sich mit uns zu treffen?!
Was ...?!
Bitte!!
N... Nein, das kann ich nicht ...!
Ich ...
... möchte nämlich nicht, dass ihr je wieder in seine Nähe kommt ...!
Was wollt ihr denn schon mit ihm besprechen ...?
Wollt ihr ihn bitten, euch seinen Segen zu geben ...?

Kommt bitte nie wieder mit der Absicht zu uns, ihn zu verletzen ...
... nur damit ihr selbst glücklich werden könnt ...!!
Tschüss ...!
Ich hab's satt ...
Ich hab's so satt ...

Was ...
... mache ich hier überhaupt?
Ich gebe mich als Nanases Freundin aus ...
... lege seine Wunden bloß ...
... und weiß letztendlich immer noch nicht, wie ich sie heilen kann.
Häh ...
Häh ...
Ich bin kein bisschen besser als die beiden ...
Ich denke nur an mich selbst ...

Dass ich ein weiteres Treffen zwischen ihnen verhindern will ...

... liegt im Grunde nur daran, dass ich Angst habe, wieder vergessen zu werden.

Das war keineswegs in Nanases Interesse.

Irgendwann habe ich mal gehört ...

... dass die Fähigkeit zu vergessen für den Menschen lebensnotwendig sei.

Dass ich seine Erinnerungen an das, was zwischen uns war, um jeden Preis zurückbringen will ...

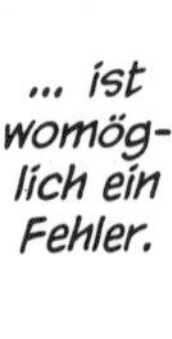

Auch wenn es mir widerstrebt, und auch wenn es wehtut ...

... vielleicht wäre es besser ...

Aber ...

... selbst wenn ...

... er sich noch einmal in mich verlieben sollte ...

Was, wenn er mich irgendwann wieder vergisst?

Vielleicht ist der Preis für diese Beziehung einfach zu hoch für mich ...

Infoblatt?

Ja, das bringt der Schülerrat regelmäßig heraus.

Und das ist Aufgabe der Sekretäre.

Wir stellen jedes Mal je einen Kultur- und einen Sportklub unserer Schule in einem Artikel vor.

Wollen wir zuerst im Biologie-klub recher-chieren?
Alles bes-tens, mir geht's gut!
Denn ich habe den Entschluss gefasst ...
... meine Liebe zu ihm auf-zugeben.

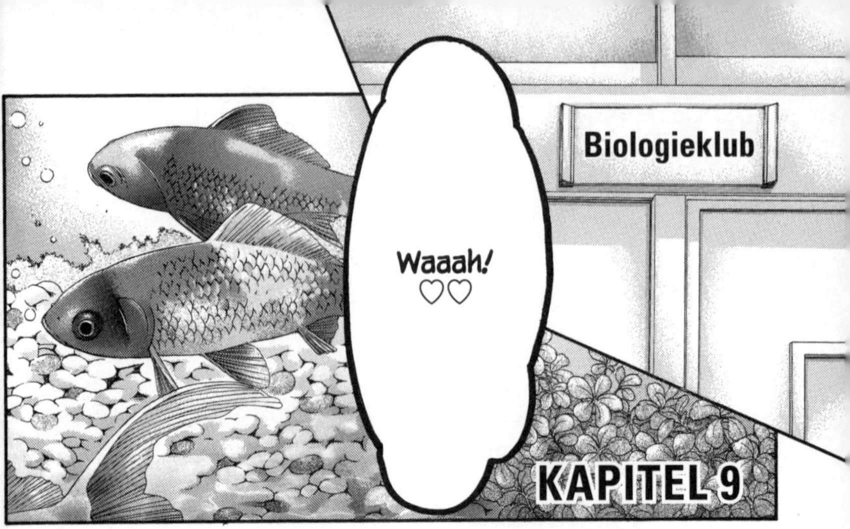

Biologieklub

Waaah! ♡♡

KAPITEL 9

Kapitel 9. Hier taucht tatsächlich Ishii wieder auf! (*lach*) Bei der Arbeit an Kapitel 1 hatte ich überhaupt nicht vor, ihm an dieser Stelle noch einmal einen richtigen Auftritt zu verpassen, deshalb hatte ich seine Figur nur ganz grob entworfen ... Genau. Nicht mal einen Vornamen hat der Gute ... (Ich überlege mir einen, wenn es notwendig werden sollte ...)
Und Kentaro wirft einen Ball ...! Das war eine Szene, für die ich mich beim Zeichnen selbst verflucht habe, obwohl sie ja auf meinem Mist gewachsen ist ... Auch wenn es nur ein kleines Panel ist, wollte ich seine Pose und seinen Gesichtsausdruck in dem Moment, wo er zum Wurf ausholt, richtig cool aussehen lassen ...!! Da habe ich beim Zeichnen all meine Energie hineingesteckt. Und auch das Panel, wo er sich nach dem Laufen mit seinem Hemdsärmel den Schweiß abwischt, sollte möglichst cool aussehen. Das hat mich ein wenig nervös gemacht.

Oh!
Die finde ich so süß, aber sie sind echt schwer zu halten ...
Ein Ping Pong Pearlscale!!
Äh, Makino ...? Du weißt noch, dass wir hier sind, um für das Infoblatt zu recherchieren, oder ...?
Oh, stimmt! Du hast recht!
Ich war nur so überrascht von den ganzen Goldfischen, dass ich etwas aus dem Häuschen geraten bin ...
Bist du ein Goldfisch-Freak?
Ja, ich hab ganz viele zu Hause!
»Darunter auch die, die du beim Sommerfest gefischt hast!« ...
... könnte ich jetzt sagen ...
Aber er erinnert sich ja nicht mehr daran ...
Hmm ...
Goldfische ...
Ich dachte früher immer, die sterben einem zu Hause eh gleich weg ...
... aber ich hab gehört, dass sie erstaunlich langlebig sind.

Ich glaub, ich hab mal einen gesehen, der so groß wie ein Steinkarpfen war ...
D...D... Das ist ja ... Hier ...! Das ist der hier!
Unser Kleiner!!
Ja, kann sein. So in etwa ...
Mh!
Ich kann's kaum glauben!
Nicht alle unsere gemeinsamen Erinnerungen sind aus seinem Kopf verschwunden ...!!
Als du erfahren hast, wie alt Goldfische werden können, hast du dich sogar bei ihnen entschuldigt!
Das muss dich ja echt ziemlich beeindruckt haben.
Die Goldfische, die du beim Sommerfest gefangen hast, sind inzwischen auch schon ziemlich g...
Tut mir leid ...

Daran ... erinnere ich mich nicht ...
Durch eine Begegnung mit seinem ehemals besten Freund und seiner Exfreundin ...
... hat Nanase plötzlich seine Erinnerungen an Ereignisse und Personen aus seinem Leben verloren ...
Oh ... ach so. Ja, klar ...
Jetzt hab ich ihn vor Freude überfordert ...
Makino ...
Ist schon okay ...
Du kannst mich ruhig hassen.
Äh ...
»Deshalb hat er sich immer mehr von allen zurückgezogen ... Dabei ist er so ein lieber Kerl.«

Ich bin so blöd ... Ich habe doch gar keinen Grund, enttäuscht zu sein.

Immerhin hab ich doch beschlossen, ihn zu vergessen ...

Oho! Aber ich muss schon sagen ...

Hallo?

Was ist jetzt mit eurer Recherche ...?

... das ist trotzdem ein ziemlich stolzer Brocken!

Kann es sein, dass du ihn an einem Platz hältst, an dem er wenig Tageslicht bekommt?

Äh ... Na ja, am Wohnungseingang ...

Viel Licht ist da wirklich nicht ...

Unter diesen Bedingungen kann es passieren, dass die rote Färbung verblasst.

Wenn du ihm ausreichend Licht gibst und Futter, das reich an Carotinen ist, wird er vielleicht wieder rot!

Waas?! Das wusste ich gar nicht ...!!

Wahnsinn!!

Oh ...

Aber andererseits ...

... muss ich ihn ja nicht mit Gewalt wieder in seine alte Gestalt zurückbringen ...
Ich liebe meinen Kleinen trotzdem. Er ist in Weiß immer noch genauso süß.
Dein Goldfisch ist sicher glücklich, bei dir leben zu dürfen.
Gut gesagt ...
Ich mag deine Art zu denken, Makino ...

Was ...?! Ähm ... Tut uns leid, dass wir dich so lange unnötig warten lassen!
Ich würde dann gern mit dem Interview fürs Infoblatt beginnen ...!
VERBEUG
Endlich ...
Warum lächelt er mich ...
... jetzt so sanft an? So guckt er doch so gut wie nie!
Dabei wollte ich doch ...
... seinetwegen kein Herzklopfen mehr bekommen ...
Biologieraum
Vielen Dank.
Jetzt haben wir fast nur über Goldfische geredet ...
Aber ich freue mich schon darauf, den Artikel zu schreiben! ♡
Kyah, so viele Goldfischfotos! ♡♡

Die kopier ich mir später alle! ♪
Und? Welchen Sportklub stellen wir dieses Mal vor?
Oh ...! Also ... Ähm ...
Wie wär's, wenn ich das allein recherchiere?!
Hä ...?
Na ja ...
Du musst doch sicher zu deinem Nebenjob, oder?!
Ja, schon, aber bei dem Job heute macht es nichts, wenn ich mich ein bisschen verspäte ...
Ich sag kurz Bescheid, dass ich später k...
Da ist er ja!
Hey, Nanase!
Du denkst heute aber an den Job, um den ich dich gebeten hatte, ja?
Du bist so extrem vergesslich, da erinnere ich dich lieber daran.
Ja, was das angeht ... Kann ich heute nicht ein bisschen später zu euch stoßen?

*Gruppen-Blind-Date

Du willst auf ein Gokon gehen, obwohl du mit Ririko zusammen bist ...?!
Mist ...
Tss!
Oh ...! Wen haben wir denn da?
Die Tussi, die beim Sommerfest aus Ririkos Clique gekickt wurde.
Sollte Ririko dir dann nicht herzlich egal sein?
Und wieso bist du überhaupt auf einmal so dicke mit Nanase?
Immerhin hab ich ihm damals ...
... auf Ririkos Wunsch hin Geld dafür gegeben, dich von der Gruppe zu trennen.

Sag bloß, das wusstest du nicht?
Nanase ist berühmt dafür, dass er für Geld fast alles macht ...!
Stimmt ...
Er hat recht.
N... Nanase ...?
Ups, hab ich mich da etwa gerade verplappert?
Ich geh dann mal ...

Wie viel?!
Wie viel bezahlt er dir für das Gokon?!
Ich ... geb dir 10 Yen mehr!
Aber ich lass dich nicht dort hingehen ...!!
Hä ...?

Na toll, jetzt muss ich jemand anders auftreiben!
Makino ...
Warum ...?
Hm?
Warum kannst du so einfach darüber hinweggehen?
Ich ... hab dich für Geld verletzt ...
Na ja, dass du Geld dafür bekommen hast, hat mich zwar überrascht ...
Aber du hattest sicher deine Gründe ...
Und dass meine Freundinnen sich von mir abgewandt haben, lag irgendwie auch an mir. Darüber bin ich hinweg ...
Na ja, abgesehen davon, dass ich jetzt keine Freunde mehr hab.
Du hast keine Freunde?!
Du hast mich eigentlich weniger verletzt ...
... als mir vielmehr permanent geholfen!
Geholfen ...?

Ja, denn dank dir ...
... kann ich jetzt wieder jeden Tag lächeln.
Ich erinnere mich nicht ...
Ha ha!
Ich weiß!
Ist schon gut.
Äh ... also ...
Wie viel ... schulde ich dir denn jetzt?
Hä?
POCH
POCH
Dein Lohn für das Gokon ...
Im Eifer des Gefechts hab ich zwar große Töne gespuckt ...
... aber was, wenn es eine Riesensumme ist ...?!
POCH
POCH
10.000 Yen, oder gar 20.000 ...

2.000 Yen ...
... waren abgemacht ...
Oh ...! Ach so ?!
Puuh ...!
Ein Glück ...! Das ist weniger, als ich dachte !!
Dann heißt das aber auch, dass ich für 2.000 Yen* verkauft worden bin ...
So betrachtet tut das schon weh ...
Dann geb ich dir 2.010 Yen, okay?
Mein Portemonnaie ist im Raum vom Schülerrat. Ich geh eben und hol e...
Lass gut sein!
Ich will dein Geld nicht!
*ca. 16 Euro

Ich hätte ja eigentlich sowieso noch die Arbeit fürs Infoblatt machen müssen ...
Und? Bei welchem Klub recherchieren wir nun?
POCH
POCH
Ähm ...
Also ...
POCH
Beim Baseball...
...klub ...
STILLE
Aha ...
Na gut ...
Dann müssen wir zum Sportplatz.
Dafür brauchen wir unsere Straßenschuhe.
Stapf
Stapf
Stapf
Äh ... Ja ...
Sprachlos

Wird er nicht traurig, wenn er anderen beim Baseball zuschaut ...?
Oder versucht er womöglich mit aller Gewalt, sich nichts anmerken zu lassen ...
... weil er davon ausgeht, dass ich seine Vergangenheit nicht kenne ...?
Ihr seid zu spät!
Wir waren vor über einer halben Stunde verabredet! Unfassbar!!
Entschuldige ...! Bei dem Klub davor hat es etwas länger gedauert ...
Heute wird das jedenfalls nichts mehr!
Bitte ...?!
Los geht's!
Ja!
Wir machen jetzt Lauftraining.

Wenn ihr unbedingt recherchieren wollt ...
... dann rennt gefälligst mit!
Hä ...?
Will der unsere Willensstärke testen?!
E... Einverstanden!
Makino ...?
Hey, Moment ...
Ich mache die Recherche ...
... und du schießt Fotos, wenn es sich anbietet!
Wir erledigen das auf jeden Fall heute ...!
Immerhin hast du extra den Job dafür sausen lassen ...!
FLAPP
?!
Hä ...?!
Was ist ...
Dein Pulli?!

Wir machen das aber anders-herum.
Du über-nimmst die Fotos.
KREMPEL
Was ...?!
Aber ...
Geht klar ...
Drück

Nervös
Nervös
Nervös
Ob Nanase das hinbekommt ...?
Gut und schön, die Herausforderung anzunehmen ...
... aber beim Laufen Notizen zu machen ist schon ziemlich verrückt ...
Am besten komme ich einfach noch mal allein ...
Duft
Der Pulli riecht nach Nanase ...
... als er mich an sich gezogen hat ...
Aber wenn nur ich mich daran erinnere ...
... unterscheidet es sich im Grunde kaum von einem Traum ...

Recherche erfolgreich beendet.

Immer-hin ... war ich mal Pitcher ...
Da bin ich es ge-wohnt zu laufen ...
Ah ...!!
Kann es sein, dass du der Na-nase von der Musa-shiura-Mit-telschule bist?!
AUFRUHR
Echt jetzt ?!
Von einer der stärks-ten Schulen Japans?! Was machst du dann bei uns?!
Ich hab mal haus-hoch ge-gen dich verloren!
Mit den langen Haa-ren hab ich dich erst gar nicht er-kannt ...
Nanase war so ein toller Spieler ...?!
Aber dann ...
... muss es ihn ...

... umso schwerer getroffen haben ...
... nicht mehr Baseball spielen zu können ...
Also gut!
Dann können wir dich natürlich nicht ohne ein paar Würfe nach Hause lassen!!
PATSCH
Ich wollte schon immer mal gegen dich spielen, aber das Los war immer gegen uns!
Ich auch!
Ein Wurf pro Spieler genügt!!
PANIK
PANIK
M... M... Moment mal! Das können die doch nicht machen ...!
Na ja ... Ich hab nach der Mittelstufe mit dem Baseball aufgehört ...
Poch
Poch
Poch
... also erwartet lieber nicht zu viel!

Dass er auch noch darauf eingeht ...!
Was, wenn er dadurch wieder sein Gedächtnis verliert?

S...
Strike!
Hey!
Wenn du nach der Mittelschule aufgehört hast, wieso kannst du dann auch einen richtigen Baseball werfen?!
Ich bin der nächste Batter!
Nein, ich!!
Strike!
POCH
Au-weia ...
Himmel, wie cool er ist ...!
POCH

Und jetzt auch noch ...
... dieses unbeschwerte Lachen ...
Das war's ... Ich komm nicht mehr dagegen an ...
Wie denn auch?
Inzwischen bin ich noch viel mehr in ihn verliebt als damals bei unserem ersten Kuss.

Uh ...
Uwah ... Jetzt ist es voll spät geworden ...
Schon acht Uhr ...
Erst hieß es, ein Wurf pro Spieler ...
... aber das waren locker über hundert Würfe ...!
Du hättest doch nicht auf mich warten müssen, Makino ...
Doch, doch! Der Anblick hatte immerhin absoluten Seltenheitswert. Das konnte ich mir doch nicht entgehen lassen!
Mich hat zwar auch überrascht, dass du so gut Baseball spielst ...
... aber so fröhlich hab ich dich zum ersten Mal erlebt!
Du liebst Baseball noch immer genauso wie früher, oder?

STARR
Poch
Poch
...? Na... nase ...?
Poch
Sag mal, Makino ...
Du scheinst irgendwie eine Menge über mich zu wissen, oder ...?
Was ...?!
A... A... Ach ja?!
Hab ich mich eben unvorsichtig ausgedrückt?!
Womöglich geht er mir jetzt wieder aus dem Weg ...!
Na ja ...
Ist schon okay.
Patt
Bei dir hab ich irgendwie kein schlechtes Gefühl dabei.

Wie idiotisch von mir, mir Sorgen zu machen, dass er mich vielleicht wieder vergessen könnte ...

... und Angst vor einer Zukunft zu haben, die noch gar nicht eingetreten ist.

Wenn ich es recht bedenke, gibt es überhaupt eine Liebe ohne Schmerz?

Je länger ich in seiner Nähe bin ...

... umso mehr verdrängt mein Herzklopfen ...

... den Schock, den ich damals empfunden habe ...

... als er mich plötzlich nicht mehr erkannt hat.

Ergib dich einfach ...
... deinem immer heftiger schlagenden Herzen!
Können wir ... heute vielleicht zusammen nach Hause gehen ...?!
Ich ... wollte dich sowieso bringen.
Ich bin in Nanase verliebt.

▲Titelcover von Kapitel 7

▲Titelcover von Kapitel 9

KAPITEL 10

(die, mit denen sie sich gegenseitig fotografieren)

Kapitel 10. Dass Yuka und Kentaro auf dem Kapitelcover Polaroidkameras in den Händen halten, bezieht sich auf die Fotoszene in diesem Kapitel. Sofortbildkameras sind toll, oder? ♥ Ich hatte auf der Highschool mit meiner Instax Cheki auch immer viel Spaß! Dass es solche Kameras heutzutage noch gibt und sie sich zudem kaum verändert haben, freut mich wirklich.

Was Yukas verpatzten Test angeht … Ich neige bei so was immer dazu, Mathe zum Problemfach zu machen. Das hängt mit meiner eigenen Schulzeit zusammen. Auf der Mittelschule war ich nämlich echt gut in Mathe und immer stolz darauf, dass mir Naturwissenschaften offenbar besser liegen. ♥ Doch auf der Highschool erhöhte sich der Schwierigkeitsgrad schlagartig, und ich kam ganz schnell nicht mehr mit. Bei einem Test hatte ich sogar mal lediglich sechs Punkte (von hundert) … Jawohl, nur die erste Aufgabe hatte ich richtig … Hätte ich die auch versemmelt, wären es null Punkte geworden … Mann, war ich da geschockt … IIII

Gehen wir.
Moment ...!
Das da ist doch der Pärchenweg!
Hä ...?

Bitte?!
Ich geh hier immer lang, weil das Bahnticket dann günstiger ist ...
Und spielt das um die Uhrzeit echt eine Rolle? Wer sollte uns denn sehen?
Auch wieder wahr.
Aber man weiß nie, und Gerüchte wären dir doch sicher zuwider, oder?

Den Pärchenweg, von dem ich schon so lange träume ...

... möchte ich lieber erst nehmen, wenn Nanase und ich ein richtiges Paar geworden sind ...

Wäre das denn schlimm ...?
Was?
Wäre es dir zuwider, wenn es ...
... Gerüchte über uns gäbe?

POCH
...!
Das ...
POCH
Moment mal, was soll denn die Frage ...?!
Ich hätte jedenfalls kein Problem damit ...
... wenn was über mich erzählt wird.
POCH
POCH
Würde ich Nein sagen, wär das ja eine glatte Liebeserklärung!!
Aber wenn ich Ja sage, denkt er vermutlich, ich könne ihn nicht leiden, oder ...?!
POCH
POCH
Wie soll ich denn darauf bloß antworten?!
Zumindest, wenn du das Mädel bist ...

Was ...?
Wie meinst du d...
Hey, Nanase!
Danke für das Match vorhin!!
FREU
わっ
Sorry, dass wir dich so viele Bälle haben werfen lassen, obwohl du nicht im Training bist ...
Ist deine Schulter okay?
Komm gern jederzeit wieder vorbei!
Ach, aber erst mal ist Händchenhalten auf dem Pärchenweg angesagt, was?!
Als Paar im Schülerrat irgendwie heiß! ♡ Ich beneide sie ...

Also, bis dann!
Sorry, das hab ich wohl unterschätzt ...
Die Uhrzeit spielt anscheinend doch eine Rolle.
Und den Pärchenweg nehme ich in Zukunft lieber mit Bedacht ...
Nehmen wir lieber den Weg da ...
Genau.
Weißt du ...
... nachdem ich mit dem Baseballspielen aufgehört hatte, sind ein paar unschöne Dinge passiert ...
... und ich mochte mir Baseball nicht mal mehr ansehen.
Die ganze Zeit bin ich davor weggelaufen.
Aber als ich heute losgesprintet bin ...
KREMPE
... und sogar auf dem Platz stand ...
... konnte ich nach dem ersten Wurf gar nicht wieder aufhören.

Stimmt ja, Baseball macht Spaß!
Darum war ich damals so versessen darauf.
Das verdanke ich nur dir, Makino.
Was ...?! Aber ich hab doch gar nichts ...
Es ist so simpel, aber ich hab mich erst heute wieder daran erinnern können.
Hä ...?
Will der unsere Willensstärke testen?!
E... Einverstanden!
Hättest du die Herausforderung des Teams nicht angenommen ...
... hätte ich nicht auf dem Spielfeld gestanden ...
... und wäre dem Baseball wohl weiter aus dem Weg gegangen.
Vielen Dank!
Ab heute kann ich Baseball wieder lieben.

Zum wievielten Mal sehe ich Nanase nun schon lächeln?
Heute muss mein Glückstag sein ...
Gatang
Und jetzt stehen wir ...
Gatang
... ganz dicht zusammen in einer vollen Bahn ...!
Neben Nanase komme ich mir vor wie im Himmel.
Meinetwegen darf es gern noch voller werden ...
... dann könnte ich mich noch enger an ihn drücken ...
Schön wär's ...

Vorsicht an den Türen!
Nächster Halt: Kazuura! Kazuura …
Pfschhh
Kazuura
Oh …!
Jetzt hast du deine Station verpasst, Nanase!
Dann fahre ich eben wieder eine Station zurück.
Kicher
?
Auf die Weise hast du mich schon oft nach Hause gebracht.
Ach … ja? Sorry … Ich erinnere mich nicht …
Oh, so war das nicht gemeint!
Ich dachte nur …
… du bist immer noch du selbst, auch wenn du dein Gedächtnis verloren hast.

Seit wir uns kennen-gelernt haben, warst du immer so lieb zu mir.
QUIETSCH
RUCK
Kyah ...!
RUMPEL
Vielen Dank für alles.
Vor uns befindet sich ein Stoppsignal. Wir bitten um Ihr Verständnis.
RAUN
Mann, bin ich erschrocken.
RAUN
Nanu ...?
Kann es sein ...
... dass ...

... Nanase mich gerade ...
...umarmt ...?!
Nein, das würde er doch nicht ...
A... Aber er ... drückt mich ganz fest, oder ...?!
PANIK
PANIK
PANIK
Ah ...
Das ist Nanases Geruch ...
Duft
Als ich erfahren habe, dass Nanase sich nicht an mich erinnert ...
... wurde mir ganz schwarz vor Augen und ich wollte ihn schon aufgeben, aber ...

Ich liebe ihn.
Auch wenn er mich in Zukunft noch öfter vergessen sollte ...
... werde ich mich bestimmt so wie jetzt ...

... immer wieder aufs Neue in ihn verlieben ...
Also dann ...
Komm gut nach Hause!
Ja ... Danke fürs Bringen ...
...
Äh ... also ... Das eben ...
POCH
Ah ...! J... Ja ...!
D...
Die Bahn gerade war echt voll, was ...?!
J... Ja, stimmt ...! Da wurde man richtig zusammengedrückt!!
Hat gedrückt
Hat zurückgedrückt

Sag mal, Makino ...
Würdest du mir ... deine Kontaktdaten geben?
Bitte was?!
W... Wenn du nicht willst, ist das auch ...
N...N... Nein, natürlich gern!
Aber warum denn jetzt auf einmal ...?
Na ja, du bist schon ziemlich klein, da ...
... könnte dich leicht jemand wegschnappen.
Das bereitet mir ein bisschen Sorgen ...
Er findet mich klein ...
... und sorgt sich um mich ...?
Dann sieht er mich tatsächlich als Mädchen!

Heute sind so viele wunderbare Dinge passiert ...
... dass ich vor Glück platzen könnte.
Ich liebe ihn ...
Ja, ich liebe ihn ...

Und ich hoffe, dass Nanase mich eines Tages genauso lie-ben wird ...

シー

東口
East Exit
东出口
Schülerrat
Sag mal, Okido ...
Das hier sind doch die Fotos fürs Infoblatt, oder?
Ja. Unsere Sekretäre haben doch gestern beim Bio- und beim Baseballklub recherchiert, oder?

Warum? Sind die Fotos unbrauchbar?
Nein, nein, ganz und gar nicht ...
Was ist das denn?!
Ja, oder?! Echt krass!
Galerie
XX-11-20
Die haben ja mehr Fotos voneinander gemacht als fürs Infoblatt ...
Ja, aber da nicht ein Bild dabei ist, auf dem die beiden in die Kamera schauen, und sie die Fotos auch nicht versteckt haben ...
... war ihnen ihre Motivwahl womöglich gar nicht bewusst.
Ich schiebe die Fotos mal in einen Extraordner! ♡

ばばんっ
BABAMM
Es ist Dezember!!
Endlich liegen die elenden Klausuren hinter uns ...
... und uns erwartet nun nur noch ein wichtiges Event ...
Ganz genau!
Klimper
Klimper
Klimper
Weihnachten!!!

Meine Wenigkeit ... euer Präsident Kujirai, hat seit dem Tag, an dem er Schüler dieser Schule wurde ...
... einen lang gehegten Wunsch ...
Und zwar ...
... möchte ich den großen Baum vor dem Haupteingang schmücken ...
Diesen
... und einen gigantischen Weihnachtsbaum aus ihm machen!!
Als Präsident entscheide ich hiermit eigenmächtig, dass der Schülerrat sich freiwillig meldet!
Gegenargumente sind abgewiesen!!
Was ein Despot ...
Das hör ich auch zum ersten Mal.
Warum halst du uns noch mehr Arbeit auf ...?
Woow! Das klingt toll!
Das wird der größte Weihnachtsbaum, den ich je gesehen hab!!
Ich streng mich an! Machen wir einen tollen Baum daraus!
Du verstehst mich, Makinon!

Ich freu mich schon riesig darauf!
Du nicht auch, Nanase?!
Na ja ...
Wenn es Arbeit für den Schülerrat ist, mach ich natürlich mit ...
GRINS GRINS GRINS
Was ist?
?
Jetzt mal nicht so vorschnell!!
Kujirai hat zwar gerade gesagt, dass die Klausuren vorbei sind ...
... aber wir haben vier Personen hier im Schülerrat, auf die das nicht zutrifft!
Monatsplan

Und deshalb ...

... auch wenn Wiederholungsklausuren ab 60 Punkten als bestanden gelten ...

Tschak

... verlange ich, dass jeder von euch mindestens 80 Punkte erreicht ...

... sonst wird der Weihnachtsbaum gestrichen!!

Gyah!
80 Punkte ?!
Das ist ja grausam! Sie Unmensch!!
...!!
Tyrann ...
Jetzt weiß ich, warum er so unbeliebt ist ...
Ja, ja! Sagt, was ihr wollt!
Aber die Entscheidung ist gefallen!
Ich bin unbeliebt?!
Nehmt euch gefälligst ein Beispiel an Okido und Nanase! Die beiden sind immer unter den zehn besten Schülern!
Aber Okido lernt doch auch mit jedem Atemzug. Wie soll ich mir daran ein Beispiel nehmen ...?
RUMMS
Bleib mir vom Leib!
Streber ...
Ich wusste gar nicht, dass du so gut in der Schule bist, Nanase!
Und das trotz Nebenjob ...!
Na ja ... Bis zum Ende der Mittelschule hab ich ja nur für Baseball gelebt ...
... und wusste überhaupt nicht, wie man lernt.
Doch als ich für die Highschool-Aufnahmeprüfung überstürzt damit anfing, hat es mir erstaunlicherweise sogar Spaß gemacht ...

Ich denke, wenn man sich nicht so sehr auf die Klausuren versteift ...

... sondern einfach Interesse für das Thema mitbringt, dann bleibt der Stoff automatisch hängen ...

Leider funktioniert das aber nicht bei jedem ...

Darf ich ihn erwürgen?

Her mit dem Hals ...

Wahnsinn, Nanase ...

Nun gut ... Aus gegebenem Anlass ...

... erkläre ich den Schülerrat zum zentralen Klausurvorbereitungsbüro.

Okido übernimmt das 2. Jahr ...
... und Nanase ist Anlaufstelle für die aus dem 1. Jahr!
Ran an die Bücher, es geht los!
Danke, dass du mir hilfst, Nanase ...
Sei gnädig mit uns, Okido-sensei!
Zieht gefälligst die blöden Kostüme aus!
Hört mal!
Wenn das hier ein reiner Lerntreff wird, dann geh ich jetzt nach Hause.
Bleib hier, Kagaya!
Ich hab selbst jemanden, der mir beim Lernen hilft.
Das gehört mit zur Arbeit für den Schülerrat ...
Und den Stoff für Geschichte kann ich dir auch beibringen ...

Tut mir leid, aber von jemandem, den ich nicht respektieren kann, möchte ich nicht unterrichtet werden.
Viel Erfolg bei deinen eigenen drei Klausuren.
KLAPP
Makino, du musst Mathe A wiederholen?
Dann lös am besten erst mal die Aufgaben, die du in der Klausur falsch hattest.
Ah ... Okay!
Hm ... Hmmm ...
Also, hier musst du das ...
POCH
POCH
S... So nah ...!
Seine Stimme ist direkt an meinem Ohr!
Der Junge, den ich liebe, gibt mir Nachhilfe! Davon hab ich schon immer geträumt ...!!
POCH
POCH

Präsident Kujirai, ich danke dir!!
Ich bin ein Schülerrats-präsident, der keinen Respekt verdient ...
Mach dir nichts draus und fang endlich an zu lernen!
Das hier ist eine Kombinationsaufgabe ...
... also musst du bloß diese Formel anwenden.
A... Aha ...?
Und dies ist eine Kombination mit Wiederholung ...
... für die musst du diese Formel nehmen.
Äh ... Ach so ...?
Hm ... Ich glaube ...
... du solltest dir zumindest die wichtigsten Formeln und Definitionen einprägen ...
... sonst kannst du keine der Aufgaben lösen ...
Ja ...
Du hast ja recht ...!
Mathe konnte ich eh noch nie ...
Bei all diesen unverständlichen Begriffen und Zeichen ...
... begreife ich nicht mal die Formeln selbst ...
Von Merken ganz zu schweigen ...
Hmm ...
Morgen ist Samstag, wir verlieren also zwei Tage ...
Meinst du, du schaffst den Stoff bis zur Klausur ...?
Nie im Leben!!

Hör mal, Makino ...
Ich geh jetzt nach Hause!
RUCK
Solange ich die Formeln nicht beherrsche, kannst du mir ja sowieso nicht helfen!
Keine Sorge! Ich präg sie mir übers Wochenende ein!!
Bis dann!
バターンッ
RUMMS
Ich bin so ein hoffnungsloser Fall ...
... dass selbst Nanase vor meiner Dummheit kapituliert ...
Ich will mich nicht noch mehr vor ihm blamieren.
BLUSH
Ich hab mich zu früh gefreut ...

Nanase

Nanase

Wenn du morgen Zeit hast, würde ich gern mit dir wo hingehen. Was sagst du?

16:38

Willkommen!

Hallo! Ich bin's, Kanan Minami! Endlich ist Band 2 von *Atemlose Liebe* erschienen!! Hach ... Es hat zwar eine Weile gedauert, aber durch unermüdliche Arbeit habe ich es irgendwie auf einen weiteren Band gebracht, worüber ich mich wirklich sehr freue!

← Auch diesmal lautet das Thema des Covers »Blasen«. Ich habe langsam wirklich den Eindruck, bei *Atemlose Liebe* zeichne ich immer nur Blasen ... (zumindest auf den Farbillus). Aber diesmal wollte ich eine andere Stimmung rüberbringen als bei Band 1 und habe darauf geachtet, dass die Blasen so aussehen, als würden sie von unten nach oben aufsteigen. Und das Bild wirkt insgesamt düster und melancholisch. In diesem Band steht nämlich Kentaro im Mittelpunkt des Geschehens, deshalb habe ich die Farbwahl auf ihn abgestimmt. Ich persönlich finde ja, dass mir der tiefe Blauton ziemlich gut gelungen ist ... Deshalb mag ich das Bild!

Das Coverdesign ist auch diesmal wieder wunderschön geworden, weshalb mich bereits darauf freue, die beiden Bände nebeneinander zu betrachten!

Nun denn! Zu Band 1 hat hervorragend der Song *Canele* von CHiCO with HoneyWorks gepasst, zu Band 2 passt dafür *Wolf* perfekt! Ihr solltet die EP unbedingt zum Manga hören!

Kanan 2017.7

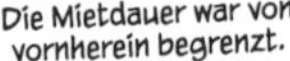

KAPITEL 11

Kapitel 11. Es hat Spaß gemacht, die beiden Mädels zusammen auf dem Cover zu zeichnen! ♪ Zwillingslook ist echt süß, oder? Dafür habe ich mir beim Zeichnen des Kapitels wieder mal den Kopf zerbrochen (*lach*), und zwar über Yukas Klamotten ...! Was für ein Outfit würde wohl das Herz eines Jungen (im Highschool-Alter) höherschlagen lassen?! Ich hab ewig überlegt, und das ist am Ende dabei herausgekommen ... In letzter Zeit gibt es irgendwie überhaupt keine Klamotten mehr, die bei Teenagern generell total im Trend sind! Das ist also unglaublich schwierig für mich. Bei der Gelegenheit wurde mir ehrlich gesagt auch bewusst, dass ich bei Highschool-Geschichten mittlerweile an meine Grenzen stoße ... |||

Dieses Kapitel handelt jedenfalls von Kagayas Gefühlen. Ich bin froh, dass ich eine Episode unterbringen konnte, die ich in ihrem Charakterprofil nur vage festgelegt hatte. Da Kagaya sonst immer nur teilnahmslos ist, habe ich mir Mühe gegeben, diesmal ihre süße Seite zu zeigen.

Ach was! So weit sind wir doch noch gar nicht!
Wir sind ja nicht mal ein Paar.
Also dann ganz leger in Hosen, damit er nicht denkt, ich will was von ihm?
Aber, aber ...
Wir gehen ja trotzdem an einem Wochenende zu zweit weg ...!
Also doch lieber ein süßes Kleid? Das wirkt feminin.
Wah ... Ich weiß einfach nicht, was ich anziehen soll!!
Was ist denn?
Hast du etwa einen Freund, Schwesterherz?
Was ...?! Daiki!
Komm hier gefälligst nicht einfach so rein!!
Ich hab doch geklopft!
Hey, Mama! Yuka hat endlich ihr erstes Date!
Sollten wir das nicht feiern?
Idiot ...
Lass den Mist! Ich weiß noch nicht mal, ob es ein Date ist!!
Wie jetzt? Nur einseitig verliebt?
Loser!
SCHOCK

Oh, das ist Himari!
Hallo ...?
SCHNAPP
BIEP
Aufgelegt
Was fällt dir ein?!
Du bist immerhin auch ein Junge, da kannst du mir bestimmt helfen!
Hä?!
Mit welchem Outfit kommt man am besten bei seinem Schwarm an ...?
BLUSH
H... Hilf mir gefälligst ...!
Widerlich ...
Aber ich steh auf Mädchen, die das genaue Gegenteil von dir sind ...
Bei dir ist so oder so Hopfen und Malz verloren ...
Schreck
Schnauze! Hilf mir gefälligst!
JR
Kitakazuura

Nana-
se ...!
Sorry!
Ich bin ein biss-
chen zu spät!
Hm? Nanase ?
Schon gut ... Du siehst nur so anders aus. Ich hab dich erst gar nicht erkannt.

Was ...?! Sieht das ko-misch aus?
Nein, nein ... über-haupt nicht!
Das steht dir total!
BLUSH
Danke ...
Das wirkt total wie ein Date ...
Ach ja ... ähm ... Wo willst du denn überhaupt mit mir hin ...?
Das hier ist doch deine Station, oder ...?
Ach ja!
Es ist hier ganz in der Nähe ...
RAUSCH

Wah ...! Was für ein riesiger Springbrunnen!!
Ich wusste gar nicht, dass es in der Nähe von diesem Bahnhof so einen großen Park gibt!
Aber ... was wollen wir in einem Park?
Na, du bist wegen der Wiederholungsklausur doch gerade ziemlich gestresst.
Deshalb dachte ich, ein bisschen Abwechslung würde dir guttun ...
Ein Glück, dass schönes Wetter ist!
Statt davor zu kapitulieren, dass ich zum Lernen zu blöd bin ...
... lädt er mich sogar auf ein Date ein ...

Danke ...! Das ist in der Tat eine tolle Abwechslung, und ich bin schon viel motivierter!
Wirklich? Das freut mich.
Ich hab nämlich das hier dabei ...
BAMM
Mathematik A für die Oberstufe
Also fangen wir gleich mit dem Lernen für die Wiederholungsklausur an!
Was zum ...
Mathematik A für die Oberstufe
War ja klar, dass das kein Date sein kann ...
A... Aber warum lernen wir denn im Park?
Wäre eine Bibliothek da nicht besser ...?
Ich hab dir doch erzählt, dass ich vor meinem Ausstieg aus dem Baseballklub nie gelernt hab.
Als ich dann versucht habe, in der Bibliothek für die Aufnahmeprüfung zu büffeln ...
... kam ich mir so eingeengt vor und konnte mich null konzentrieren.

Aber wenn man an einem Ort wie diesem lernt, der nichts mit der Schule zu tun hat ...
... kommt man erstaunlich gut voran!
WUPP
Außerdem wäre da ...
... noch das hier.
FANG
?!
Ein ...
... Baseball ...?
Nanu ...?
POCH
Das ist ja ...

Ähm ... ist das denn okay ...?
Der ist zwar schmutzig, aber ich hab ihn vorher abgewischt!
Ich hatte nur noch den zu Hause ...
Nein, ich meine ... Ich weiß gar nicht, wie man ... äh ... Catchball spielt ...
Oh!
Das ist kein Problem!
Wir werfen ihn nur wie eben hin und her.
Wirf!
??
Statt still am Schreibtisch zu sitzen ...
... sollte man sich beim Lernen lieber bewegen.
Gut so!
PATSCH
Dann erinnert man sich hinterher besser.
Was?! Wirklich?!
Also dann ... Kürzt man »Variation« mit P oder mit C ab?
Hä?! Äh ... also ...
Mit P!! Glaube ich ...

Warum glaubst du, dass P richtig ist?
Äh ... Gute Frage!
Weil »Variation« auf English *permutation* heißt.
Oh!
Ach so?!
Und warum wird »Kombination« dann mit C abgekürzt?
Werf
Weil es auf English *combination* heißt.
Jetzt verstehe ich! Wenn man das erst mal weiß, verwechselt man die Buchstaben nicht mehr so leicht ...!!
Wahnsinn!!
Also gut, dann machen wir als Nächstes mit den Formeln weiter!
Und gleich noch mal alle Formeln!
Was?!

Ich fass es nicht!
Jetzt habe ich alle Formeln, die in der Klausur drankommen, im Kopf!!
Wenn ich sie zu Hause aufs Geratewohl gelernt hätte, hätte ich das nie geschafft!
Ein Glück, dass meine Methode bei dir auch zu funktionieren scheint.
Wenn man dabei den Ball wirft ...
... hat es so was Spielerisches.
Ja, oder? Vor der Aufnahmeprüfung damals ...
... habe ich mir so einen Haufen Stoff merken können.
Damals waren wir immer zu dritt, ich und noch zwei Freun...

Zu dritt ...
Poch
POCH
POCH
Nanase ...?
POCH
POCH
POCH
POCH

Nanase!
Leihst du mir den Ball bis nach der Klausur?!
Oh ...!
Maki...
...no ...?
ZUCK

Aber der ist doch total dreckig ...
Das macht nichts! Dieser Ball ...
... gibt mir das Gefühl, dass ich von nun an auch allein weiterlernen kann!
Ich werd mich richtig anstrengen und die 80 Punkte sogar noch übertreffen!
Ja ...
Freu dich schon mal darauf, zusammen mit mir und den anderen vom Schülerrat den riesigen Baum zu schmücken!
Ich freu mich drauf.

Er muss sich an seine Exfreundin und an seinen besten Freund erinnert haben ...

Als ich den Baseball gesehen hab, hatte ich gleich so ein mulmiges Gefühl ...!

Bis zur Mittelschule spielen die Teams nur Softball. Harte Baseballs wie diesen benutzen sie erst ab der Highschool.

Softball
Weich
Aus Gummi oder einem ähnlichen Material hergestellt

Baseball
Hart
Innen aus Kork und außen mit Rindsleder umspannt

Da Nanase nach der Mittelschule mit dem Sport aufgehört hat, dürfte er so einen Ball also gar nicht besitzen ...

Und trotzdem wurde dieser hier ganz offensichtlich schon häufig benutzt ...

Das heißt ... er wollte eigentlich auch auf der Highschool weiter Baseball spielen ...

... muss ich mein Bestes geben ...

Erst mal müssen wir aber alle mindestens 80 Punkte in unseren Klausuren schaffen!
Es lernt sich leichter, wenn man sich dabei bewegt!
Hört, hört!
F = qvB sin θ.
F = qvB sin θ ...
Und dann erschaffen wir zu Weihnachten schöne gemeinsame Erinnerungen ...!!
Yay!
F = qvB sin θ.
Das funktioniert großartig, oder?
100
83
82
80
87
81

Unser gigantischer Weihnachtsbaum ist vollendet!!
Wir haben ihn tatsächlich noch einen Tag vor Heiligabend fertigbekommen ...!
Wir mussten ja auch unsere freien Tage dafür opfern ...
Wah ...
Wo habt ihr denn einen Wagen mit Hebebühne her?...?!
Aus der Firma meines Vaters!

He
he
Nun denn ... Endlich ist der Zeitpunkt gekommen, um den wahren Plan hinter unserem gigantischen Weihnachtsbaum zu enthüllen ...
he
he!
Ist Schmücken denn nicht genug?
Non! ☆
Makinon! Für wen stellt man den Weihnachtsbaum auf?!
Äh ... für Christus ... oder so?
Die richtige Antwort lautet: für Verliebte!!
Als Kind feiert man Weihnachten vielleicht noch mit seiner Familie und Freunden ...
... aber ab der Highschool wird es zu einem Fest für Verliebte, nicht?
Wer keinen Freund oder keine Freundin hat, schämt sich.
Durch einsame Herzen zieht ein eisiger Wind ...
FYUUUH
Einsam ...
Und jetzt kommt's!

Wir veranstalten ein Event!
Der Name lautet: »Liebeserklärungen unter dem gigantischen Weihnachtsbaum«!!
Alle, die einen Schwarm haben, erklären dem- oder derjenigen kurz entschlossen ihre Liebe und werden ein Paar!
Und für alle, die einen Korb bekommen haben, veranstalten wir hier eine große Weihnachtsparty!
Ein Toast auf alle Abgeblitzten!!!
Was haltet ihr von meinem Plan?
Ist doch großartig, oder?!
Ähm ... Eigentlich ist Weihnachten ja der Tag, an dem Jesus Christus ...
Stopp! Komm mir jetzt nicht mit Vernunft!!
Eine ... Liebeserklärung ...

Dann müssen wir jetzt nur noch die Karten für die Liebeserklärungen basteln ...♪
Hä?! Das machst du schön allein!
ZUCK
DREH
Kyah!
?
Eine Liebeserklärung unter dem Weihnachtsbaum wäre ein Traum!
Aber dafür fehlt mir momentan noch der Mut ...!!
Immerhin ...
... bin ich doch auch jetzt, wenn wir einfach nur so zusammen sind ...
Der Baum ist der Wahnsinn! Der haut einen echt um ...
Ja!
... schon unbeschreiblich glücklich.

Guten Morgen! Wir vom Schülerrat ...
... verteilen jetzt die Karten für die Liebeserklärungen!
Jeder bekommt eine Karte!
Ihr legt sie einfach in den Schuhschrank eures Schwarms.
Ein Name muss nicht draufstehen!
Wer eine Karte bekommen hat ...
... kommt nach der Abschlusszeremonie unter den Weihnachtsbaum und wartet auf den Verfasser seiner Karte!
Präsident Kujirai!
Wie aufregend!
Wem gibst du deine Karte?!

Was ist, Kagaya?
Dürfen die Mitglieder des Schülerrats auch beim Event mitmachen?
Was?! Kagaya will jemandem eine Liebeserklärung machen?!
Oh ...
Wir sind ja eigentlich für den Ablauf zuständig ...
Na ja ... vielleicht, wenn alle anderen fertig sind ... Das könnte gehen.
Ist gut ...
Vielen Dank.
Präsident ?!

Verdammt, ich komm zu spät ...

Tapp
Tapp
Tapp

...! Uwah?!

FLAPP
FLAPP

Was sind das für Karten ...?

Die Karten sind die Anzahl der Schüler ...

... die Ihnen eine Liebeserklärung machen wollen, Herr Lehrer!

Sie sind ja wahnsinnig beliebt.

Der Schülerrat ...

... veranstaltet heute ein Event für Verliebte.

Ach so.

Aber Lehrer können ja schlecht daran teilnehmen ...

Kannst du die als Mitglied des Schülerrats für mich entsorgen, Kagaya?

Wollen Sie die wirklich wegwerfen?

Ha ha!

Natürlich! Was denn sonst?

... dass eine davon von dir ist, Anna.
Versteck
Was glauben Sie ...?
Hm ... Mal schauen ...
Nein, du hast mir keine ins Schuhfach gelegt!
In die Verlegenheit würdest du mich nicht bringen.
Ihre Antwort ist ... richtig ...
Wusste ich's doch! Deshalb ...
... mach in Zukunft bitte auch nicht wieder solche Sachen wie neulich in Geschichte ...
Patt Patt
... als du mit Absicht die Klausur verhauen hast, ja?

Ist gut ...
Es tut mir leid ...
Hey, Nanase!
LÄRM
Nanase!!
LÄRM

Präsident Kujirai!
Hier! Du hast dir gar keine Karte mitgenommen.
Danke ... aber ich brauch auch keine ...
Ach so? Aber ...
... hast du's denn nicht auf Makinons Schuhfach abgesehen?
GRINS
GRINS
Bitte was?!
Was redest ... Was soll denn das?!
Spinnst du?!
Komm mal hier rüber!
Na, was denn?! Im Schülerrat wissen doch schon längst alle über deine Gefühle Bescheid!
Sieh doch, hier!
Das sind doch die Fotos, die ich fürs Infoblatt gemacht hab, oder nicht?
Was soll an denen denn ...

Was ...?!
Mom... Sind das echt ... meine Fot...
Du hast sie also wirklich unbewusst gemacht!
Du musst ja wahnsinnig verliebt sein, wenn du schon instinktiv Fotos von deiner Angebeteten machst ...!
...
Trotzdem ... werde ich bestimmt niemandem mehr eine Liebeserklärung machen ...
Jemand wie ich, der plötzlich sein Gedächtnis verliert, kann doch sowieso nie eine vernünftige Beziehung führen ...
Sicherlich ist es hart, wenn man plötzlich vergessen wird.
Erst recht von der Person, die man liebt ...
Aber trotzdem ist Makinon ...
... doch nach wie vor an deiner Seite.

Willst du auch weiter-hin ...
... Makinon die ganze Ar-beit machen lassen?
Was soll ...
Und übri-gens ...
Ich hab gehört, dass in Makinons Schuh-fach auch eine Kar-te war!
Von wem außer dir kann die wohl sein ...?

Sag mal ...
... können wir uns tref-fen ...? Jetzt gleich ...
ATEMLOSE LIEBE 2 / ENDE

*Der jap. Originaltitel lautet *Miseinen dakedo kodomo ja nai*, abgekürzt »Misekodo«. **bekannte Idol-Agentur

Mensch … Ich kann's immer noch nicht glauben, dass es jetzt tatsächlich bald einen Film zu *Zu jung für die Liebe?* geben wird …! Dass am Ende so eine Belohnung auf mich warten würde … Zum Glück habe ich die Serie damals vollendet … Sie ist mit nur fünf Bänden recht kompakt, also falls ihr sie noch nicht kennt, würde ich mich sehr freuen, wenn ihr mal reinschaut! ///

Als ich am ersten Teil von *Misekodo** gearbeitet habe, meinte meine Redakteurin zu mir: »Das ist ja eine richtige Komödie!« (Als Lob gemeint!) Da das überhaupt nicht meine Absicht war, hab ich sie damals nur fragend angeschaut. Aber mit Herrn Hanabusa im Regiesessel steigt natürlich die Vorfreude auf die komischen Szenen! Ich glaube aber, dass er mit seiner Inszenierung meine Erwartungen noch um ein Vielfaches übertreffen wird!

Von Kento Nakajima, der Nao spielt, habe ich schon bevor ich von seiner Besetzung erfuhr immer gedacht, dass er von allen Johnny's** Idols am meisten dem Bild eines Shojo-Manga-Helden entspricht. Und jetzt wird er tatsächlich Nao! ///

Was Yuna Taira angeht, die die Rolle von Karin spielt … Anfangs hatte ich mich ja gefragt, ob es tatsächlich eine Schauspielerin gibt, die so eine dominante Heldin spielen kann, ohne sie allzu boshaft darzustellen, und dabei auf den ersten Blick auch noch wie eine glamouröse Schauspielerin aussieht (die obendrein noch jung ist) … Ja, sie existiert tatsächlich!! Und sie hat auch noch eine total süße Stimme … ♥

Yuri Chinen, der Isuzu spielt, habe ich jede Woche in *School Kakumei!* gesehen und war immer ganz erstaunt, dass ein Mensch gleichzeitig so süß und so cool sein kann …! Er wird Rinrin bestimmt supercool spielen! ////

Tausend Dank an: ♥

Chiyuki Muneda
Rieko Hagiwara
Yuka Sugawara
Kyoko Yamada
Mika Yamakawa
Erika Wada

Meine Redakteurin Frau Seki
Kaori Kuroki (Grafik und Design)
Die Redaktion von Sho-Comi

Meine Eltern und meine Familie

Alle, die beim Verkauf mitgewirkt haben
Meine Leserinnen

Ich bin auch auf Twitter! ☺
@minami_kanan_

Werden sich Yuka und Kentaro in Band 3 plötzlich näherkommen?! Der Liebesfaktor schnellt ziemlich in die Höhe, also hoffe ich, ihr bleibt weiter am Ball!

Autorenkommentar

Bei Band 1 haben mich beim Zeichnen immer die beiden wunderschönen Songs, die CHiCO with HoneyWorks für *Atemlose Liebe* geschrieben haben, in eine fröhliche Stimmung versetzt, und während der Arbeit an Band 2 erhielt ich die Nachricht, dass meine Vorgängerserie *Zu jung für die Liebe?* verfilmt werden soll ...!!

Es macht mich unsagbar glücklich, dass die Welt meiner Werke auch in andere Medien übertragen wird. Ich freue mich schon so! Heute bin ich wirklich froh darüber, dass ich immer noch Mangaka bin, obwohl ich schon mehrmals aufhören wollte ...

TOKYOPOP GmbH
Hamburg

TOKYOPOP
2. Auflage, 2019
Deutsche Ausgabe/German Edition

Aus dem Japanischen von Anne Klink

AWA-KOI 2 by Kanan MINAMI

Original Japanese edition published by SHOGAKUKAN.
German translation rights arranged with SHOGAKUKAN
through The Kashima Agency.

Redaktion: Alexandra Schöner
Lettering: Vibrant Publishing Studio
Herstellung: Nils Bornemann
Druck und buchbinderische Verarbeitung:
CPI–Clausen & Bosse GmbH, Leck
Printed in Germany

ISBN 978-3-8420-4322-0

www.tokyopop.de